WORTSUCHRÄTSEL ADVENTSKALENDER 2024

RÄTSELKÖNIG VERLAG

© 2024 Rätselkönig Verlag
Verlag: BoD • Books on Demand GmbH, In de Tarpen 42,
22848 Norderstedt
Druck: Libri Plureos GmbH, Friedensallee 273, 22763 Hamburg
ISBN: 978-3-7597-8760-6

WORTSUCHRÄTSEL - 1

S	F	S	B	Q	T	R	X	C	M	Z	R	Z	X	G	L
I	O	S	O	C	H	B	T	Z	A	Z	W	E	K	P	T
S	G	N	N	F	G	J	D	S	E	E	W	N	C	D	I
E	Q	C	F	N	L	B	C	R	I	R	C	J	Q	B	E
N	Z	B	P	A	K	A	B	T	I	O	S	B	X	O	B
C	U	R	G	R	A	O	E	U	G	T	Q	T	V	J	R
M	Z	O	Ü	X	L	N	H	J	H	K	B	F	K	T	A
R	Q	A	T	W	S	W	N	E	T	K	E	J	B	O	N
R	B	S	F	D	M	Z	R	O	K	D	M	S	J	H	E
U	U	Q	W	O	P	R	E	P	S	I	F	I	E	X	M
D	C	P	G	M	Q	N	U	T	U	Q	O	O	F	S	M
K	N	Ö	C	H	E	L	H	W	Z	D	W	A	S	H	A
T	U	M	E	D	M	S	G	D	D	C	G	E	A	X	S
E	P	U	W	B	T	V	N	E	T	I	E	L	M	Q	U
U	R	F	A	X	R	I	X	R	X	O	T	S	A	L	Z
D	T	H	C	E	P	S	T	C	K	S	H	R	T	J	L

WURM	LEITEN	SPECHT	DEMUT
ZWEITENS	TAMAS	OBJEKTEN	
KNÖCHEL	WÜRZE	ZUSAMMENARBEIT	

WORTSUCHRÄTSEL - 2

O	M	K	E	I	R	I	B	J	G	U	S	X	K	J	L
A	C	H	Z	C	B	L	U	H	N	P	K	Z	C	O	T
K	E	J	A	I	F	B	L	I	B	K	Z	Z	K	P	W
J	T	T	C	N	E	A	A	M	G	W	I	Z	F	V	A
J	O	S	F	L	J	U	N	M	G	N	J	R	W	E	X
C	Q	I	N	U	B	F	W	E	T	X	M	F	K	R	L
O	F	S	F	D	H	G	E	L	I	K	I	P	F	E	E
V	V	P	U	B	D	E	I	O	N	U	T	S	R	I	I
G	Q	E	I	W	Q	S	S	Z	U	V	A	V	M	N	L
A	L	S	Z	B	R	T	U	O	R	U	R	L	H	I	I
J	H	D	P	M	A	O	N	Q	J	L	B	K	Q	G	S
A	E	A	J	K	P	C	G	L	H	A	E	D	X	U	R
E	H	M	M	A	P	K	E	T	T	S	I	W	N	N	E
J	O	U	R	B	X	T	N	C	F	G	T	B	Q	G	T
P	L	P	B	O	X	F	O	X	B	E	R	R	K	B	E
N	E	D	N	E	H	E	T	S	R	U	H	Q	F	Q	P

VEREINIGUNG	PUMA	AUFGESTOCKT	MITARBEIT
JUBEL	SEPSIS	PETERSILIE	
ANWEISUNGEN	HIMMEL	STEHENDEN	

WORTSUCHRÄTSEL - 3

T	E	K	A	P	R	A	P	S	S	K	N	S	I	M	I
H	B	R	E	N	I	Z	I	D	E	M	D	O	N	U	R
Q	G	O	L	F	U	N	R	E	H	C	I	S	R	E	V
J	D	Z	X	Z	Z	K	P	W	J	T	H	W	B	J	K
C	U	N	X	W	J	U	G	K	H	N	Z	Z	G	H	R
N	E	Q	S	I	Q	V	B	G	U	S	Q	Q	P	R	O
S	A	P	O	R	U	E	J	F	O	Q	B	X	K	M	L
M	U	R	T	N	E	Z	K	I	T	S	I	G	O	L	P
K	Z	L	T	H	C	I	L	S	M	E	R	B	I	T	C
A	H	C	E	F	L	B	U	X	Q	B	P	W	T	J	T
L	N	S	E	M	I	N	A	R	A	R	B	E	I	T	I
W	T	Q	E	A	J	L	A	I	D	L	M	V	D	D	K
Q	M	O	J	F	R	I	R	E	H	R	E	T	N	I	H
R	E	T	S	I	E	M	R	E	G	R	Ü	B	O	X	T
Z	Z	X	E	S	W	A	N	V	V	U	B	D	O	N	W
H	I	A	E	J	A	I	G	M	Z	B	Z	R	S	B	U

BREMSLICHT   MEDIZINER   KROL   LOGISTIKZENTRUM

VERSICHERN   HINTERHER   SPARPAKET

BÜRGERMEISTER   SEMINARARBEIT   EUROPAS

WORTSUCHRÄTSEL - 4

```
A U Z M I N D I G O R S R T C T
X L S A F H J D S I X N D F G X
S T E L Z E D L K O H W W H M T
G N N A M S T F Ä H C S E G D W
F Q U Q W T O T C X U C N T H Q
V W E N E G I R T S E G K H Z A
E P H S X R F C C C F E U F N O
L L A F N I E H R P C E I X H Z
M L L U Z R E D E I W R E M M I
S V P E X O T S Ü B R I G E N L
L E W O N Q E P O J Q J H D P M
M C J T S H Z D F R S X H E A F
B F Q V P C C U U O C N K N B Q
H R T V Q U R S V M R L X R M T
A Q Q G A L E B S M E R B V M I
L S R Ü H R S C H Ü S S E L E Q
```

IMMER	RHEINFALL	INDIGO	GESCHÄFTSMANN
STELZE	GESTRIGEN	RÜHRSCHÜSSEL	
SCHNELLE	ÜBRIGEN	BREMSBELAG	

WORTSUCHRÄTSEL - 5

```
D O N U S R P H T P V O F Z Z F
I R R C H P B M U P L S L R N L
Z N X G E C G D E L V C Q Q W O
F Z S L V J M G Z O X E Z Z F R
H O A E O R R A Y U R V E D A I
C Z C W K I X S L E P G D E J S
C I G Z B T N N G I P E D M B T
M D G E H U L H R Q O L A O G I
E T G W W O M Ö G L I C H H E N
H E R V O R R A G E N D V V I E
C O M A T R A T Z E Q H S U R L
H B T A A Z I S U F W L L V K W
Z T E G I D N Ä T S L L O V T D
M Z P D G R D G P V C L X Q L B
P N O T O V X J J Q Z F C Q E O
M J G M G E F A N G E N E J W R
```

HERVORRAGEND	AYURVEDA	FLORISTIN	GEFANGENE
WELTKRIEG	GEBIRGE	MATRATZE	
WOMÖGLICH	VOLLSTÄNDIGE	INSEKT	

WORTSUCHRÄTSEL - 6

N O I T A L U K I R T A M M I B
T U N T E R L A S S U N G B L S
T S P Ö K O S Y S T E M A X G E
C G R X C D Q R W N C T O S W W
P O S A U N E C H R F C P N E R
H D T H A L C I U B F T G X I P
M F R I N Z S E C X W N P H T X
R G N H E E E S K M E I V T S Q
E A Z X G F H V X T W I U N P J
L V W E P M G E L H Q E J E R T
G Q K I T T U A S D A V A T U M
N T T P R S H N N U I H C U N X
E N P J Z R F N T G Z B K L G B
P Z K J E H Z N X Q S B C B S Z
S S O V E K X H C U H R A A T M
E K G Z A N A I T N B G G G J W

VERHALTEN	BLUTEN	TIEFGANG	SPENGLER
ABZUSEHEN	IMMATRIKULATION	UNTERLASSUNG	
POSAUNE	ÖKOSYSTEM	WEITSPRUNG	

WORTSUCHRÄTSEL - 7

N	E	K	X	E	Z	N	Q	Z	P	P	V	E	X	K	T
U	N	Z	U	S	T	Ä	N	D	I	G	E	B	M	K	C
W	E	E	E	E	O	V	Q	V	Z	K	J	W	Z	E	W
G	T	X	E	L	E	K	T	R	O	N	S	R	G	H	T
G	F	J	R	X	Z	C	A	A	L	X	X	J	I	J	U
F	I	L	A	S	P	A	W	C	U	N	E	L	S	Q	X
L	R	K	T	D	R	A	S	T	I	S	C	H	E	B	Z
O	H	O	N	K	R	S	U	G	S	W	E	V	J	F	N
R	C	N	O	B	X	E	B	S	S	E	A	F	R	H	J
I	S	Q	U	R	N	D	X	Z	E	G	X	A	A	X	W
D	L	T	D	D	T	Z	B	D	Q	N	G	L	A	F	E
A	V	G	M	J	T	W	F	D	K	T	B	N	L	R	L
I	G	K	U	G	T	A	M	N	E	B	F	R	Q	O	U
X	T	R	R	K	C	A	S	L	E	D	U	D	O	Q	E
S	K	N	U	K	A	A	D	I	U	A	K	E	U	T	B
O	U	X	F	G	E	M	A	C	H	T	U	Z	C	J	P

ZUSTÄNDIGE	PAUSENBROT	BEULE	DUDELSACK
GEMACHT	FRAGTE	SCHRIFTEN	
DRASTISCHE	FLORIDA	ELEKTRON	

WORTSUCHRÄTSEL - 8

```
R R C H Q B C V M X E O X W E S
I E K Q X A X U K K L X Z I K O
A P J S H L W E C V J A G L A A
I T P T G W N O J L V O A Q U R
F A X R L N L H Q W L G M L D E
M P W U T F O W Z O E V J T B R
N U M X O M A K H S M E L A R E
E B K U B G M C J E F R Q A R Z
G I A T H M Y N M P W M A T U N
E R S U M S I S S A R I A S Z Ä
R D S T P M X L H Q M E C S W T
D Z A M A P W I A L S T L T C L
L F R P Z L U K C Y F E T H R I
O X P I J G T C R M A R O C G E
G E Q Z H U F T B S I R I E B S
G U S G G F H W A O R Z W R B C
```

FLOCKE	MAPPE	RECHTSSTAAT	VERMIETER
KLAGES	PSYCHOLOGIE	GOLDREGEN	
RASSISMUS	LAYA	SEILTÄNZER	

WORTSUCHRÄTSEL - 9

H	M	F	S	L	N	S	D	X	D	L	N	O	N	V	R
E	P	I	T	Ü	E	C	O	E	C	M	D	F	Z	R	W
G	C	T	H	B	L	H	A	H	K	P	J	F	E	C	W
W	C	Q	T	E	L	O	Z	L	B	U	S	O	I	O	Z
R	H	H	D	C	E	R	C	W	B	M	H	T	K	W	V
S	A	T	L	K	T	S	L	M	R	G	X	S	D	U	W
B	R	O	C	E	S	T	J	R	I	G	H	G	Q	E	K
U	G	O	K	R	N	M	H	U	E	K	I	N	U	S	R
X	X	T	O	M	I	A	K	L	Q	A	E	E	A	P	Ü
S	O	E	D	I	E	N	I	I	A	D	R	R	S	C	S
F	E	U	U	F	U	N	Q	P	Z	S	B	P	T	V	T
Q	U	L	G	B	G	U	V	N	A	V	E	S	E	E	U
F	L	B	B	E	U	X	X	A	H	Q	I	B	M	U	N
P	A	B	N	P	N	S	I	E	K	U	G	W	T	E	G
G	H	T	H	C	I	L	H	C	Ä	S	T	A	T	V	A
A	W	K	S	H	L	W	E	K	I	D	D	C	G	E	X

QUASTE	SPRENGSTOFF	BLUETOOTH	TATSÄCHLICH
EINSTELLEN	HIERBEI	HORSTMANN	
LÜBECKER	GELINGEN	RÜSTUNG	

WORTSUCHRÄTSEL - 10

G V I Z D E E P G S C I A C N M
L X Q W F N I C T V J G K T E W
A Q D K K T S J M H T X L H T S
U S I O V S L Q R U J F A C F P
S R P J R O Ö L E T R H M I A Q
S U M I E R F L H S H D A L H Q
T D N A Z G F G C C C S N T C Z
E V O B T U E H Ü V U T D N S A
L O I E E N L D L N R D A E N J
L J S P S G I A B M P O R F N S
U D S P R T N B O P S W I F A Z
N Q E T E Z D B B K R D N Ö M G
G B R Q B S G R G O E L E R G U
E Z G J Ü I I V V G D Z B E R O
N R E U L S J H D P I M A V Q W
L R R Z D D R R F T W H A D X E

ENTSORGUNG   MANNSCHAFTEN   BLÜCHER   MANDARINE

WIDERSPRUCH   VERÖFFENTLICHT   ÜBERSETZER

REGRESSION   EISLÖFFEL   AUSSTELLUNGEN

WORTSUCHRÄTSEL - 11

R	W	O	B	M	U	P	A	K	A	E	O	A	G	E	K
U	R	O	U	S	S	E	A	U	G	F	K	Z	F	A	P
X	I	I	D	R	U	R	S	H	L	E	R	W	E	U	K
G	D	D	C	G	I	B	W	U	V	I	E	V	O	S	X
A	V	V	H	A	Z	N	H	S	C	T	M	I	T	E	N
G	T	K	K	B	B	D	M	V	G	N	M	N	H	I	R
E	G	T	Q	X	Q	P	L	L	W	E	A	E	C	N	T
W	N	E	G	N	U	T	I	E	L	K	L	G	U	A	X
E	V	I	U	O	F	T	B	B	N	N	K	Ü	S	N	P
S	V	D	X	U	E	J	I	B	M	A	T	N	N	D	R
E	L	T	Z	R	Z	Z	E	S	N	D	F	E	H	E	D
N	W	H	A	O	H	K	L	T	L	E	E	G	E	R	I
Q	G	T	D	R	H	B	D	M	S	G	H	J	S	S	Q
M	U	F	V	D	L	T	Z	Z	A	U	N	D	E	E	O
R	N	G	Z	V	K	J	V	D	S	H	F	Q	S	T	E
J	K	B	G	D	V	U	L	W	X	I	W	K	P	Q	P

LEITUNGEN	AUSEINANDERSET	ROUSSEAU	SEHNSUCHT
LITERATUR	GENÜGEN	GEDANKENTIEFE	
ZAUN	HEFTKLAMMER	GEWESEN	

WORTSUCHRÄTSEL - 12

B	F	R	A	K	I	N	O	M	R	A	H	D	N	U	M
F	M	M	V	M	P	K	Z	C	I	T	O	U	M	O	B
J	H	G	E	W	Ö	L	B	E	N	O	N	N	O	D	L
R	O	R	U	L	A	L	S	N	U	S	P	F	S	J	P
S	C	R	E	F	K	L	E	Q	T	T	Q	D	D	X	E
H	O	E	P	M	M	F	L	E	P	G	W	D	H	R	Ü
C	C	B	A	S	Ä	E	I	W	G	N	X	L	A	T	B
N	C	E	I	H	U	G	H	W	Z	U	X	Z	Z	K	E
P	W	N	G	J	E	F	I	R	M	D	W	O	W	G	R
C	N	U	N	R	M	A	A	Q	L	N	P	A	V	I	W
E	L	H	T	H	G	N	H	R	U	I	T	K	G	Q	I
F	T	Z	F	K	K	D	W	J	J	F	Q	R	S	K	N
G	K	N	D	E	A	D	G	H	T	R	D	A	I	Q	D
G	D	R	O	Z	S	E	C	W	J	E	F	P	E	M	E
A	C	E	N	E	H	C	M	R	Ü	W	H	Ü	L	G	N
Q	E	S	V	F	E	A	W	B	U	N	A	E	D	B	J

ERFINDUNG	MUNDHARMONIKA	GEWÖLBE	ÜBERWINDEN
FLUGHÄFEN	SINNE	PARKA	
GLÜHWÜRMCHEN	RANKE	STEIGERT	

WORTSUCHRÄTSEL - 13

K C U M H C S S G A T T S E F T
L C H L O L I E S P W F C H J D
S V A R H F O K F T E C H X X Q
Z N E E D M B I T W G N E U I Z
D B P I S M P G N O F E I L V C
D J U I W A A B E M Z G T R W P
D J J Z E T R X B S X O E K R T
C M P Q L L A Z O I S Z R J K R
W Z E E F K X U R N F R T V K E
D C I T I J J L G A L E E C N D
O P K J W D S A B J S B E J U R
S N E T N E D U T S U Ü F T F Ö
Q C T J V X I W W I G F H V D F
P T P W W U T V Q U J F A E N G
S F H Q C B J X Z K U H Z F U X
H O W H N L V B P F L P M M R X

STUDENTEN CAESAR ÜBERZOGEN SCHEITERTE

GROBEN FÖRDERT SPIELTAG

FESTTAGSSCHMUCK RUNDFUNK SEIL

WORTSUCHRÄTSEL - 14

```
H  O  C  N  E  H  C  S  T  U  E  D  G  H  C  S
P  O  L  I  Z  I  S  T  E  N  S  E  R  V  V  Q
U  A  N  M  G  H  O  T  N  H  Q  W  O  I  I  V
V  G  U  G  Q  O  C  N  N  F  Q  X  ß  B  U  E
H  A  R  E  H  H  A  O  G  E  E  D  H  H  V  V
Q  H  E  S  N  E  F  Z  R  E  T  I  C  R  H  B
E  T  G  E  P  N  N  R  O  G  G  V  Z  E  I  Q
R  B  J  L  S  Z  V  W  B  L  L  R  B  H  H  D
H  Z  W  L  P  O  J  L  H  O  O  G  P  C  V  E
A  A  S  E  L  L  E  K  A  F  F  G  X  I  M  W
L  N  I  N  G  L  F  B  N  H  R  M  D  S  R  U
T  P  R  F  T  E  W  U  D  C  E  M  A  U  G  D
E  V  O  E  Q  R  E  Z  E  A  V  R  A  J  J  H
N  L  C  K  P  N  B  K  L  N  J  D  P  Q  L  A
D  T  S  J  K  W  T  X  U  G  S  E  F  F  V  D
C  T  I  Q  J  L  A  X  O  A  G  F  S  Q  J  D
```

ERHALTEN	GROß	DEUTSCHEN	SICHER
POLIZISTEN	VERFOLGTE	GESELLE	
GROBHANDEL	HOHENZOLLERN	NACHFOLGE	

WORTSUCHRÄTSEL - 15

X R E K M I M R L O F F Q E S Z
L B E G R I F F P S G O L S T A
W Z F T T I Z P Q A E H O Z E H
I V S J S Q B B P S T L E N Z L
S Z Q E L H E T I Q H E R U K R
O Z I A B Z C V L C P Q V F S E
B F G Z I O E Ö S L F V Z V D I
A L N F J D O Z H J Z I X C E C
R N S W G W N K V L D L Q K O H
E H E N C E C P X J N N V T U E
S C N H D T R O P S T I E R N H
F C M I C U W M S W B U J S T B
S B S P D S V T J V B S G U U G
G E F H Q L L Q C S O R T V Q M
R H A Q N X D A O X B E A A R K
H V I G A O V X F J B T Z F C Q

FALSCHEN   HÖCHSTER   ISOBARE   ZAHLREICHE

BEGRIFF   REITSPORT   RESIDENZSCHLOSS

VILNIUS   DEVISE   IMKER

WORTSUCHRÄTSEL - 16

E	U	I	V	X	S	B	N	P	T	H	M	U	A	J	T
V	K	G	U	U	T	K	N	K	M	D	M	N	Q	L	
T	S	I	A	I	O	Z	J	E	D	O	T	Z	G	K	L
F	O	R	C	K	Q	S	A	T	S	K	A	A	E	A	C
S	O	H	S	W	C	R	C	T	I	Z	F	H	K	T	L
V	X	T	X	V	I	E	N	E	A	F	K	L	Ü	Z	P
T	F	P	M	Ä	K	E	B	B	L	I	S	U	N	H	R
W	I	L	L	E	N	S	K	R	A	F	T	N	D	T	O
Q	V	P	P	T	R	Ä	L	K	R	E	I	G	I	O	M
I	V	D	H	H	M	O	X	U	K	L	N	V	G	N	I
W	R	I	Ä	R	T	U	R	G	W	T	K	R	T	P	N
X	J	N	N	V	E	H	A	K	T	V	N	V	R	I	E
U	N	D	D	K	N	J	Q	A	D	Z	C	J	W	T	N
S	T	J	E	M	X	N	T	H	F	F	T	U	W	A	T
U	W	H	L	H	Q	E	K	F	T	G	K	Q	G	O	E
L	K	I	N	O	K	A	R	T	E	S	M	V	E	C	N

WILLENSKRAFT	VORAUS	ERKLÄRT	ZAHLUNG
BEKÄMPFT	BETTEN	ANGEKÜNDIGT	
HÄNDEL	PROMINENTE	KINOKARTE	

WORTSUCHRÄTSEL - 17

U K L K M T R B G Q V T O X P S
C I X W L Z E K G S I L B E R B
A T U T T I Q O G W E Z K W K N
Z U K Q M X U M L Z T E X O P V
K I H X S S I M B X O R M O V R
A O S X R A S E F W G W U O P G
R B G R C A I N Z D R E A F U P
D N B W F C T T H S A I N T I N
I T K W P H E I G Q C T K S S D
N X D Q S E U E C A S E S H P A
A N E J X N R R M P E R V C X A
L H J D K E G T X S D T P E E J
C V Z Z X R E H D Q L S S O I I
O Z Z H C Z O B M O W H N H L T
S U M S I L L I T N I O P M D K
X W E T Y B A T T O Y I A F E Q

SILBER	ERWEITERT	POINTILLISMUS	ESCARGOT
YOTTABYTE	AACHENER	KOMMENTIERT	
REQUISITEUR	HOECHST	KARDINAL	

WORTSUCHRÄTSEL - 18

O	L	H	E	Z	V	X	R	U	U	E	C	O	N	X	L
D	B	M	H	V	X	T	K	C	Z	P	N	C	X	K	N
L	R	Z	C	P	B	D	R	A	L	V	V	O	P	P	N
O	D	A	S	G	J	X	E	K	I	X	S	D	O	M	D
R	K	U	I	H	I	A	A	N	P	N	Q	U	K	F	T
E	Q	J	M	H	V	C	T	C	G	D	U	S	S	E	K
H	P	T	O	D	U	P	I	D	M	B	M	F	O	S	M
H	M	S	K	S	E	R	V	G	I	B	F	V	G	I	G
T	C	W	X	R	S	S	I	F	B	W	B	K	N	W	V
X	B	I	I	X	N	L	T	A	T	R	A	B	Y	G	H
Z	A	O	E	N	M	I	Ä	I	A	H	W	R	R	N	K
F	D	D	Z	I	B	O	T	A	E	G	E	U	A	Z	D
E	J	N	K	M	N	U	C	D	B	K	T	I	L	H	A
C	S	A	R	G	L	K	V	A	C	M	G	Z	Z	X	H
Z	I	E	R	O	E	T	N	N	E	S	N	I	L	E	J
C	M	C	C	L	L	E	B	G	X	D	J	W	C	K	B

KREATIVITÄT	RAACKE	HEROLD	KOMISCH
PILZ	PERIODE	LARYNGOSKOP	
EICH	BEZIEHT	LINSEN	

WORTSUCHRÄTSEL - 19

H X I V A R A B I S C H E N S U
S S I F U R E S P E K T I R N Z
N J C X S U N E G G O L B T R X
E D Z G G H M M N U J N R L O D
H R G C E T U C Z G K I N E R D
C G H T W D V G E Z R L N I J R
S J O I Ä V C E N I R U K B O P
I D P W H Z K C V G C A C N X R
R K V T L H K S R A N U G I B S
F E V B T M A I Q V S A S Z V Z
V Z M N M W N X E P Z T H L Z A
H N O I T I N I F E D W Z R B V
C K S S D R G X M M D G V W O G
C D B P I B I A S F N E J P I V
L C D W I U R T H M M B F S J M
I E S I E W E B N N U G J D M V

DEFINITION   VORHANG   BEWEISE   BLOGGEN

AUSGEWÄHLT   URIN   ARABISCHEN

LEIBNIZ   FRISCHEN   RESPEKT

WORTSUCHRÄTSEL - 20

```
T  S  V  Z  E  H  C  S  I  R  O  T  S  I  H  I
C  K  A  Z  D  W  Z  T  D  K  T  I  S  G  O  L
F  S  L  L  A  R  E  V  O  T  Z  C  J  K  K  C
X  Z  A  N  A  V  S  J  E  W  P  U  K  T  U  D
G  U  W  U  L  H  S  R  B  X  W  G  A  C  F  D
K  R  K  S  U  R  B  U  G  I  Q  C  Y  L  J  B
M  Ü  K  E  Q  L  A  C  L  C  F  M  A  P  T  G
J  C  H  R  E  B  C  D  I  M  T  P  K  F  L  M
Z  K  U  G  D  L  K  R  Q  F  I  F  W  D  D  K
O  J  E  R  B  A  Q  R  X  V  U  L  C  P  P  W
T  S  E  W  T  B  H  C  S  O  R  F  N  E  B  Q
I  Q  R  Z  A  P  R  F  G  Z  Q  Q  P  H  O  C
T  G  E  P  H  R  T  V  N  I  G  P  N  C  V  C
S  L  G  N  I  C  N  E  U  L  F  N  I  E  A  E
F  T  N  O  D  L  A  G  Z  V  B  Q  R  B  I  J
S  K  U  S  N  E  H  P  A  R  G  A  R  A  P  W
```

FROSCH	KAYAK	SVANA	PARAGRAPHEN
WILDKATZE	OVERALLS	INFLUENCING	
SEGELBRETT	HISTORISCHE	ZURÜCK	

"

WORTSUCHRÄTSEL - 21

O Z X O F F I F P S S U L H C S
W T E W J N N B X V E I R V A U
Z Z U U D S W N R P Z K W J C Z
T M P O C N F A D Q L F L R H H
E T L T W N U E D K O R R B A C
J S E B Q E M M X L B W P W B I
T T N M W X X F T D J X I A F L
T Ü A I C O G R M R N B K G Ä D
P R R Q P B R O A O O T G E L N
U M W R S K V F T G U D P L L E
N E L T B C E C T E A P M E E N
F R E O M I T R L G R I U I Q U
Z B I V E K K L M E U I I T U J
L M R M K E E W K W Q M G E Z E
I E X P K E W U T I U S V T F E
N E H C S I S S E H W N S B N Q

KICKBOXEN   DORTMUND   STÜRMER   GELEITET

AKTUELLE   PLENAR   SCHLUSSPFIFF

UNENDLICH   HESSISCHEN   ABFÄLLE

WORTSUCHRÄTSEL - 22

C	M	M	F	A	S	X	R	C	P	X	G	R	W	P	N
E	G	F	J	O	K	N	F	I	A	C	I	H	T	C	D
N	Q	O	J	T	O	Q	E	A	D	J	V	B	S	E	R
O	V	J	A	N	M	U	A	H	Z	N	N	J	K	A	A
I	M	S	I	E	M	A	R	E	C	O	Z	L	T	D	O
T	C	E	O	M	E	L	T	G	U	A	E	M	U	A	B
A	P	G	O	A	N	I	E	J	B	K	S	K	C	Q	F
M	W	A	L	D	T	F	L	C	T	V	N	T	G	R	N
R	Z	T	V	N	A	I	D	I	C	Z	I	H	A	P	Q
O	W	S	F	U	R	Z	Z	W	E	C	T	G	Q	T	M
F	G	E	R	F	U	I	X	M	H	H	X	H	I	K	P
E	B	N	W	O	S	E	G	N	U	D	A	L	R	O	V
R	J	I	J	M	K	R	V	F	P	W	V	L	I	W	H
E	D	E	U	K	F	T	V	N	C	S	B	R	C	W	W
P	C	S	O	P	G	E	D	N	Z	Q	I	I	X	W	A
F	N	T	I	E	K	H	C	I	L	N	Ö	S	R	E	P

TATSACHEN	REFORMATION	TAG	FUNDAMENT
EKLEKTIZISMUS	KOMMENTAR	QUALIFIZIERTE	
BOARD	VORLADUNG	PERSÖNLICHKEIT	

WORTSUCHRÄTSEL - 23

N F H W W V S N R W J W N J G T
L V C I M O P F T M Z J D F E I
E P A F V N S L Z S H E E R M X
T P F R U I N E H N W R B E Ü U
T E N F C I S C O W T T Z K S E
I F I H J O F L W I R A E A E J
M F E C E M L R G H E G A H S R
S M P C W I W S U E G I V S C F
N E W N V E T I O Z O E R X H L
E O G A S E T F U O L J I I N E
B G P M L F O N O K O I L K E S
E Z R L P M W Q I T Ä Z I A I T
L I U O Q I Q A T X H O S A D Ä
I N I B S N V K I O C R M J E R
G S T M O R I T Z A R W K O R R
O P H Q D Z B L L J A W O F Q T

SHAKER	EINFACH	ARCHÄOLOGE	PAVILLON
RUINE	MORITZ	GEMÜSESCHNEIDER	
FERTIGSTELLUNG	LEBENSMITTELN	RÄTSEL	

WORTSUCHRÄTSEL - 24

P A O N Z I W T G R B P F J M K
H R D Q R N E G I D N Ü K E T L
S S U N S O K O K F L W U T N R
T K C E D T N E R U Ä Z S E Z W
J P S O O C H H W U C R T D T N
L G V E P N W E V W H R R N E E
K Q W O W D Y T S O E H A Ü N H
X P K Z D G C X O I R U T R W C
F O E T O T K L G M L A E G M I
V O L J F O H M C K I M G E Z L
T K I Z C L D F Q U C O I B A T
B O U C T L T A B J H N E G W H
C B D B X P R U P H M X C Q P C
L G I T ß A L R E V F E F R H E
N N K E S H F T K D W R S C R R
T G A L H C S N A R E V R V A C

KOKOSNUSS	BEGRÜNDETE	ENTDECKT	ONYX
KÜNDIGEN	VERANSCHLAGT	RECHTLICHEN	
LÄCHERLICH	VERLAßT	STRATEGIE	

WORTSUCHRÄTSEL - 25

T	P	O	N	B	Q	F	O	U	A	K	A	B	W	H	H
N	T	M	E	T	A	U	X	W	D	W	O	A	K	G	O
E	K	I	G	W	C	R	M	S	H	E	C	N	G	Z	H
G	N	T	N	I	G	B	X	T	T	H	N	P	D	I	K
I	E	Ä	E	M	N	T	A	C	S	P	A	C	K	W	A
T	H	T	R	Q	E	X	C	T	C	T	T	T	P	N	V
H	C	I	T	U	K	K	U	O	E	V	N	Z	B	H	S
C	S	D	S	S	N	B	J	U	I	W	B	P	M	V	O
I	E	I	K	A	E	I	Z	V	A	Z	I	L	V	F	E
S	G	U	W	N	S	R	A	D	L	O	Q	G	K	S	Z
E	T	Q	R	T	G	L	O	L	W	R	S	X	E	I	K
B	K	I	I	B	E	E	R	F	C	B	I	L	M	N	Z
J	H	L	C	T	K	L	M	K	E	T	F	T	B	J	U
N	O	R	D	I	R	L	A	N	D	W	I	L	E	M	B
K	B	Z	J	E	L	L	E	W	N	E	K	C	O	N	K
Q	C	V	B	P	E	F	U	E	C	Z	D	Q	C	H	T

TEL AVIV   STRENGE   EWIGEN   BESICHTIGEN

GESCHENKT   SENKEN   NORDIRLAND

WACHSTUBE   NOCKENWELLE   LIQUIDITÄT

WORTSUCHRÄTSEL - 26

```
Z J N V E H M A G L D P T Q N E
Q W N E T N N O K P M F Q Q T A
E P F E L S G L I E X E V A K M
B B A S K E T B A L L S E A N K
B W N I T R A M T K N A S H I L
E U K L H C P B B W T G S E T L
F A B W P H T W J Q K O G R S O
B G O N K L R U C V R G D W N B
L F W X E I S N E T R O H Ä I P
T P B E H J T R G J E S S H R H
K P U N S C H K R A P F E N E O
A P C W U Ä J J L W G E U T T L
B S H G N R P V T F K K A I T E
H E S G L L A E L T U O K W U W
R F T M H I L T Z O A O L Q M I
U A T Z O E E L L E L L A R O K
```

SANKTMARTIN	MUTTERINSTINKT	KORALLE	FELS
PUNSCHKRAPFEN	VERHÄNGT	KONNTEN	
ERWÄHNT	BASKETBALL	HORTENSIE	

WORTSUCHRÄTSEL - 27

V	Z	D	J	F	P	A	H	N	U	N	G	C	Z	Z	E
V	X	E	T	R	E	I	L	U	M	R	O	F	E	W	G
B	O	J	N	W	M	S	H	Z	I	M	S	G	C	I	A
U	B	N	G	U	R	V	T	E	L	L	X	X	Z	E	R
D	E	V	W	K	E	K	Z	U	R	L	G	L	U	S	F
C	B	U	A	H	N	R	S	H	M	Z	G	E	S	E	M
N	C	G	F	X	E	N	P	F	O	Z	T	G	M	M	U
X	E	L	E	B	F	F	V	Z	T	A	U	W	M	H	J
H	L	B	T	M	F	P	J	L	T	T	F	G	B	V	H
D	A	F	H	P	O	K	C	I	E	O	V	V	E	W	T
D	T	J	G	K	J	W	P	X	W	S	N	Q	I	P	E
A	U	W	T	E	N	I	P	A	X	T	E	D	D	W	Z
A	K	M	Z	V	Z	W	K	C	C	C	D	R	O	D	O
O	H	X	P	Ä	C	D	B	S	C	S	P	E	O	V	V
A	S	W	R	V	X	T	M	M	D	T	V	F	H	N	B
J	C	P	K	Z	B	G	N	O	R	T	S	M	R	A	O

OFFENER	PRÄZIPITAT	WIESE	UMFRAGE
AHNUNG	FESTUMZUG	ARMSTRONG	
LESER	HOODIE	FORMULIERTE	

WORTSUCHRÄTSEL - 28

D G Z T X C N F W X A M U J D Z
P P X G N U T L A P S N R E K J
L S N E G N U L L E T S E B R G
K B Z R P V H Y P O T H E S E L
W R U A K E I H T A P I T N A O
E W E R T P A P I E R X C B N U
G K G B N P I J B G V J H J E U
D H I E X V T T W O L K E N W J
M Q Z A M Ö G L I C H K E I T L
B P Q C H S D E E F T J P O P F
A C R H A I C V D R B P O H S Z
H A B T S A X Q A N C G I C C O
P P Z E E I A O V K U X X M P D
H I H N N C V U B K B O J A S J
W D R M P V W U M M W E A R L M
U U S H J E X T A O T Q T Y L R

BESTELLUNGEN   WERTPAPIER   MÖGLICHKEIT   WOLKEN

YAOUNDE   BEACHTEN   HYPOTHESE

KERNSPALTUNG   HASE   ANTIPATHIE

WORTSUCHRÄTSEL - 29

A G O P P E N H E I M E R S F R
B N H R W O L K E N B R U C H E
S U V G C L H E R R A J N D T Z
C M C Z R B L H L D Z Z W S O N
H M K Q T I W X F O R M E N S E
L I C X K B T N Z X R A X N M T
I T U W Z N I O F U R R R D N
E S L S X V E T N F N K H Q J E
ß U G W R F Z E J Z H J B Z M S
E Z R N A L P N K O J B B R D S
N O Z H Q R T G P E T L Z V H E
Q M C B U J B E G L E I T E N R
O S I U D O J U L U C K R W I E
K T M N E T I E R T S V R G W T
P F V G A R T R E V X R A M W N
A G H U E X Z W V D Q S G N B I

VERTRAG   SCHAFE   FORMEN   ABSCHLIEßEN

STREITEN   OPPENHEIMER   ZUSTIMMUNG

BEGLEITEN   WOLKENBRUCH   INTERESSENTEN

M	Z	M	U	S	T	A	F	A	X	G	J	O	H	A	I
M	N	E	D	H	P	X	R	P	L	N	Z	B	F	D	Q
J	R	Z	K	M	T	E	X	A	L	P	W	D	E	V	T
H	O	F	M	L	K	U	R	E	U	E	O	T	O	E	M
B	H	X	G	F	Z	U	B	L	E	B	R	I	C	R	R
A	M	Z	W	Q	S	P	U	O	P	T	T	U	Q	L	N
U	M	I	H	O	R	T	Q	L	S	K	U	Z	L	O	N
F	U	C	S	M	F	N	M	P	P	X	E	A	G	R	A
R	R	T	O	J	R	D	U	W	P	O	F	J	T	B	M
U	K	M	U	N	N	Z	H	F	A	R	P	W	K	S	R
F	I	L	Z	Q	A	N	I	Z	O	H	J	F	R	L	E
E	F	F	L	F	D	K	A	V	D	H	D	Z	T	Z	B
N	Z	Q	D	N	I	L	R	M	L	H	W	L	C	P	A
V	K	A	V	D	E	B	Z	Y	B	R	I	N	D	J	H
T	J	L	Q	E	R	Z	S	P	M	Q	O	K	W	T	Q
Q	C	U	X	T	C	I	P	B	K	W	P	I	H	A	V

VORFALL	WORT	GLARUS	AUFRUFEN
KRUMMHORN	HABERMANN	VERLOR	
CONAKRY	MUSTAFA	AZALEE	

WORTSUCHRÄTSEL - 31

I	H	J	Z	B	V	G	R	B	X	A	B	C	U	B	M
X	Z	W	N	F	A	K	S	G	M	A	B	O	P	A	E
G	G	T	A	V	K	M	T	N	R	N	R	K	T	S	R
E	E	O	T	W	N	P	B	J	H	G	Z	H	S	Q	I
K	C	X	S	H	U	N	M	C	A	E	E	X	U	H	T
N	C	Z	N	Q	M	N	R	E	O	K	T	E	U	A	T
W	D	M	O	N	L	U	D	E	F	Ü	G	H	I	C	E
Z	U	G	K	Q	Q	I	C	E	T	N	N	C	R	E	R
L	I	E	T	N	E	G	E	G	R	D	V	S	V	N	B
V	O	R	S	C	H	L	Ä	G	E	I	Z	I	V	L	U
I	C	S	C	I	U	P	P	G	R	G	I	S	A	F	R
H	N	E	T	A	R	B	S	G	A	T	T	S	E	F	G
N	X	R	X	A	D	Q	H	W	V	E	I	U	A	B	T
B	D	Q	J	I	C	O	R	Q	O	A	G	R	Q	J	S
R	P	T	U	A	H	Z	T	E	N	T	L	Z	M	P	I
C	N	H	I	D	H	N	D	C	C	C	G	X	S	L	L

VORSCHLÄGE   WUNDER   KONSTANZ   ANGEKÜNDIGTE

MATHE   FESTTAGSBRATEN   NETZHAUT

RUSSISCHE   GEGENTEIL   RITTERBURG

H	E	C	U	C	R	C	O	E	F	A	A	X	N	O	N
Z	Z	J	M	K	K	V	R	W	K	B	D	K	H	F	B
B	B	J	H	E	U	R	I	G	E	R	J	D	D	E	H
L	T	R	A	O	U	V	P	B	I	S	D	G	R	W	Q
A	A	F	I	L	M	V	E	R	L	E	I	H	T	F	Z
L	T	C	N	A	E	J	M	H	P	G	T	C	W	G	B
A	R	A	E	V	T	F	M	L	I	F	Z	R	U	K	I
H	E	K	X	P	G	E	O	H	R	Q	Q	F	T	C	N
B	D	G	E	A	W	V	S	D	X	P	K	O	F	B	E
D	N	E	L	C	U	J	F	N	N	L	E	U	R	K	S
U	I	N	P	A	J	K	S	X	A	U	N	O	K	N	S
J	L	A	M	P	O	L	V	V	H	H	B	L	H	R	A
S	R	U	O	P	I	K	Z	M	V	R	O	R	D	M	L
F	L	S	K	X	V	X	M	M	M	W	F	T	E	R	E
O	K	O	F	S	W	W	R	M	T	T	N	A	Q	V	G
W	A	J	A	Z	N	H	D	J	U	S	N	U	S	H	L

KURZFILM	VERBUND	GELASSEN	HEURIGER
KOMPLEXEN	HALAL	TAT	
FILMVERLEIH	HANSE	GENAUSO	

WORTSUCHRÄTSEL - 33

E D E X F H W B T X X M U D Q T
I T V V I U Ü W C R X T U R F H
R C E A T A F R N A D T U Ä O V
I L V D L N K L D A T U L U K I
U D H S N K I E J E W N F M W S
J U D Z R Ü H G K X N N I T F N
M Q K N A S K I T H G L H E G E
M K V L I K Z R M Z J O A D F T
I F L Q V X D M E A D F T U R N
N N N I L W R V M V T T R U F I
U R D A M T Ä T I U G I B M A X
T Z C H H I D J A A S W C E B D
E T K N A P P E N B J S I F V D
N J P R L L A B ß U F H C S I T
A I U S T N E M E G A G N E G X
E Q S T E R I L I S A T I O N C

MINUTEN	VERKÜNDETE	RÄUMTE	TISCHFUßBALL
HÜRDENLAUF	AMBIGUITÄT	KNAPPEN	
INTENSIV	STERILISATION	ENGAGEMENT	

WORTSUCHRÄTSEL - 34

L J E D S O L L T E I D P E U R
V A R R P W J U G M T Z J W H O
S E V J L J B U K E W S C B E U
T F L S B Ö J C D C T G L J R I
E E S N C T S I N S T J T B S U
L W N T S O E E Q K V U J A T N
R D I H E H F Z H E T T W U E A
W W W P C L T J Q P C L W T N W
X I A S O I L A X P S U V K J E
P X T L K B E U O U V S L B N M
K N D Z N O D Z N P J Q P O E G
E C M T A T F P E G W G B B T W
M W I V Z J A S D B K I A D H S
Q X M O A O S T B E R L I N C M
Z A T D R C N T P W A V E Q Ö A
R Q U S S M Q R K F H O E U M D

PUPPE	ZANK	BEZEICHNET	MÖCHTEN
ERLÖSE	ENTSCHEIDET	ERSTEN	
STELLUNG	BERLIN	SOLLTE	

WORTSUCHRÄTSEL - 35

C K C A U U J G Z X R S G F X P
Z S P K D E J J F D F U N I X N
I A R E F E R H E W T G U X E E
N P R W B Q C I S R F M B N T H
N O S C H U M A C H E R Ü J T C
G T K F H W S K I K U R S J Ä I
I P P F F L Z B X Z M D E G L L
E L C W P F X U G Q C B S E G D
ß R O V D H Z H M Q C E N R E N
E V K I L W Q A S U D R F W S E
R W G N T L H A Z E B Q J D P G
B W N B J B N N S G R E N Z E U
Z W E I M A L L B O P G O O M J
E F J T C K V X F I H M K J W S
H K C W O E B J J G P I U D H M
N L C T M T P H N B I A E O X Z

GRENZE   SKIKURS   TOPAS   BEZAHLT

ZWEIMAL   GLÄTTE   JUGENDLICHEN

SCHUMACHER   ÜBUNG   ZINNGIEßER

O	I	K	Z	F	F	R	E	E	E	B	R	S	N	G	H
J	F	S	Z	D	B	Z	G	C	W	C	C	I	Q	L	D
H	R	H	T	K	E	V	W	L	C	H	O	N	V	Q	Z
W	P	D	L	I	Q	V	A	K	L	N	S	T	E	S	W
A	X	Q	U	S	M	T	I	Ü	A	A	H	U	S	U	B
H	F	V	H	I	D	M	S	X	P	T	I	B	F	S	J
B	U	F	H	M	E	S	T	F	M	F	A	A	D	A	P
V	X	U	E	U	E	I	A	E	Z	R	K	T	D	N	J
W	M	R	W	L	I	S	W	O	E	Z	W	I	Z	N	L
V	O	V	B	L	S	E	B	T	L	K	D	O	X	E	X
R	G	E	B	E	I	E	A	A	C	K	K	N	B	V	V
O	I	G	N	D	K	R	H	Q	F	T	R	E	M	E	D
N	J	O	E	R	E	O	V	W	K	C	S	D	J	X	B
M	Q	P	Ä	B	I	Q	G	I	Z	N	I	E	C	U	X
H	Q	T	D	V	J	P	Z	I	O	W	L	V	L	K	I
J	S	Z	Z	B	G	R	E	L	L	Ü	M	L	G	I	F

STIMMTE	WEIDE	SUSANNE	FIGLMÜLLER
BERATER	STÄRKE	INTUBATION	
FASSEN	SCHLÜSSELBEIN	EINZIG	

WORTSUCHRÄTSEL - 37

M	B	T	W	E	R	K	Z	E	U	G	D	O	S	M	G
G	P	R	L	H	A	W	R	E	D	E	I	W	T	E	I
R	E	A	E	P	V	X	J	T	C	U	B	X	R	D	P
K	M	C	N	E	L	O	G	V	J	F	V	L	A	I	Q
A	E	I	N	N	I	G	E	L	L	O	K	ß	K	A	
B	M	H	H	Q	E	T	E	K	A	R	E	T	E	A	W
M	Ä	U	B	P	K	H	X	J	G	R	S	W	N	M	R
M	H	B	Z	F	V	T	M	N	E	B	G	A	V	E	K
L	L	D	B	I	P	M	A	E	L	W	G	J	E	N	P
M	O	H	Q	D	B	F	V	H	N	T	N	H	R	T	J
H	E	P	D	F	P	I	N	B	N	P	V	X	K	E	U
E	H	A	B	M	S	E	J	O	L	K	W	I	E	X	B
W	P	F	E	T	X	C	C	H	E	H	A	Q	H	J	R
I	X	Q	C	K	K	E	V	B	V	U	S	M	R	T	N
B	P	E	F	E	T	N	G	P	K	K	B	M	D	E	P
T	M	D	H	I	L	E	J	B	A	Q	P	M	D	N	L

STRAßENVERKEHR	KOLLEGIN	ANNEHMEN	RAKETE
WERKZEUG	MEME	MEDIKAMENTE	
MÄHNE	WIEDERWAHL	EMPFANG	

WORTSUCHRÄTSEL - 38

```
O R N F A N T A S Y F I L M U Q
L B W M O C S I C N A R F N A S
B O G L D I J D G P O N U B M C
L F Q J C U Z S J J G T T B D I
H N B Q G I W T O V H F C P B E
I V V X K S Z V E I U J E A P O
K R S A U M J G E Q D V O D E O
P C X E I R E W A D T D O M I T
N W M K B T E N F Q Z M H A T B
J I U Z A G K R I W W C O S S V
M B B T N H L R F J M F F A C F
Q C I I H L Q Q L T J L W N H I
K O E T G E I E M R K L Q A E Z
N C K A M I N F E U E R T P D D
H G A U S G E M A C H T U H F O
I W I N I E S S U H M A D D A S
```

SAN FRANCISCO	SADDAM HUSSEIN	SAUM	PEITSCHE
VEGETATION	EINGEWEIHT	FANTASYFILM	
PADMASANA	AUSGEMACHT	KAMINFEUER	

WORTSUCHRÄTSEL - 39

```
M U H B H C P X Q H K C D O I V
U I R E Z I T A L G E D H U N G
O A Q M Q I V S E F S U R F E N
C N Q A L F A G C O O I H O N U
V V A Z L R L S N W D Ö A R I D
Q U S N A J I A R L F H M N E L
X F F J L T N L N L H E G T M I
T P E O H A R C I Z F K B H U B
M V M Q O V U C Z T X H H Q Z R
O D F U N R H F T V W K O C J E
C Z Z F Z K I R D H F T L O V T
Z I X S E Q R S Q J U U P L J I
P B X I R Z T G Z I Q N W S X E
Q U T D B V S F T M P J R F M W
O K O N S E R V E N D O S E Z H
K F C T Ä T I Z I T K A F T E P
```

HÖFLICHKEIT	ZUM EINEN	SARAJEVO	ANLAUF
REZITAL	FLAN	FAKTIZITÄT	
KONSERVENDOSE	DOSE	WEITERBILDUNG	

WORTSUCHRÄTSEL - 40

```
N I S S G E J E E J L D X F V U
A R W T D T D T S F A A R E Q C
D U Z E T M F M O L C J P K T G
V T E D R X W T R C A D K V V S
O A G L Z V L D N G R T N M F X
G R F I A L J X E R A O N E M V
E E K B F Z T S P N C O R C G L
L P U E U D X N L S I N D H O A
S M G G R V G C A T S E D F A T
C E E S T A U E P E Z N O R I I
H T D U I Z U E H E L T M D O P
W S W A U A Z E M R A I S X H A
A U Q V J N R B U Z C A B V Q K
R N P F O S E S N S L V V K D Z
M I H K D R W H F Q T U C G S C
K M E R F A H R U N G E N I D M
```

ALPENROSE	AUSGEBILDET	DEZEMBER	ERFAHRUNGEN
KONZEPTION	FERNSEHER	CARACAL	
TEMPERATUR	VOGELSCHWARM	KAPITAL	

WORTSUCHRÄTSEL - 41

E	E	H	Z	L	O	H	H	C	I	E	R	T	S	T	M
I	N	E	A	L	D	N	A	T	S	R	E	D	I	W	B
R	A	U	X	D	H	V	O	M	P	F	H	Z	C	G	A
E	G	H	C	I	L	T	H	C	Ä	R	T	E	B	J	V
L	R	K	B	J	H	E	W	U	L	G	P	Q	Q	N	W
A	O	D	H	M	A	E	B	U	L	J	H	C	S	Y	L
G	Z	P	F	M	M	G	I	K	Q	K	O	H	I	I	P
N	B	Q	V	U	X	R	W	M	S	P	F	A	Q	S	I
E	L	J	P	K	S	J	B	W	L	G	E	K	T	F	S	Z
N	N	Q	I	X	A	X	U	K	S	I	C	N	I	E	V
H	I	F	Z	Z	A	G	W	G	C	J	C	U	F	R	L
A	D	O	G	I	D	S	A	A	E	Z	G	H	S	G	O
H	U	H	C	S	D	N	A	H	X	O	B	B	I	G	E
X	S	U	X	I	N	D	O	N	E	S	I	E	N	A	O
X	R	E	C	H	T	F	E	R	T	I	G	E	N	T	T
O	V	B	B	B	O	Z	K	W	F	U	E	L	E	L	L

BOXHANDSCHUH	AGGRESSIY	HEIMLICH	STREICHHOLZ
BETRÄCHTLICH	AHNENGALERIE	WIDERSTAND
INDONESIEN	RECHTFERTIGEN	ORGANE

WORTSUCHRÄTSEL - 42

```
N E R E G I R D E I N S X S R E
W K G Q C G O W H A I W P C E U
D D Z G H Z V R C C D B O H G K
G J H V N M E R H E K H P N L V
B X V V E E B E E O J S T E O E
H U P B E L R J M G A L D E F R
S T X V M L X G M K X N T F H G
I G M Q I E F I S A D P U A C L
G R L C Q W C C D J S Z K L A E
E C H U H O S U T T O T G L N I
W Q A C T R P D X Q T D E M H C
Z N P V A K W O K I B A O R Q H
T X Z H O I B X Z Q L X T Q B C
M G Q U P M G Q C S H X V S L U
C M Q F U I P R E O Z E A F N G
N E R K B U P T Z Z E A E B S A
```

TESLA	VERGLEICH	SCHNEEFALL	NACHFOLGER
NIEDRIGEREN	SICHERLICH	MASTER	
ANSTATT	MIKROWELLE	QUANT	

WORTSUCHRÄTSEL - 43

G	B	L	I	T	V	W	P	N	P	W	D	Z	M	P	O
N	E	X	T	R	G	N	E	U	A	T	I	L	P	B	N
U	G	S	Z	J	B	C	I	C	O	A	E	J	A	E	W
B	R	M	B	F	P	M	A	K	L	H	A	W	D	D	A
I	E	E	P	W	J	U	S	F	P	O	J	M	R	E	S
E	N	T	R	V	O	G	L	V	G	G	W	K	U	U	A
R	Z	I	R	J	C	C	A	A	R	I	Q	L	M	T	N
H	E	J	E	S	G	W	Z	R	U	G	Q	K	H	E	D
C	N	V	W	B	B	E	H	C	I	E	R	E	B	N	A
S	C	U	S	N	M	L	D	E	A	G	S	M	Q	D	L
E	P	R	J	Z	J	A	P	F	E	R	D	E	I	S	E
B	V	P	B	S	F	F	H	Q	P	B	S	K	U	T	N
T	X	E	I	H	R	Z	K	C	U	O	B	M	I	E	H
O	C	R	K	J	Z	T	Z	W	S	O	R	P	O	N	A
G	Q	W	T	K	O	B	C	E	E	E	M	R	B	M	F
L	N	V	J	A	K	E	K	C	A	J	R	E	D	E	L

SCHAMBEIN PFERDE WAHLKAMPF BEGRENZEN

BEDEUTENDSTEN SANDALE LITAUEN

LEDERJACKE BEREICHE BESCHREIBUNG

WORTSUCHRÄTSEL - 44

G	Z	X	A	N	V	M	O	D	T	D	G	G	F	U	M
U	N	T	E	R	E	I	N	A	N	D	E	R	D	E	E
W	H	O	C	H	Z	E	I	T	S	B	A	N	D	B	I
W	K	U	S	F	G	R	Ü	N	D	E	T	E	P	O	N
J	D	R	P	E	T	K	B	G	H	W	G	W	V	W	U
K	A	K	A	D	U	B	M	E	I	L	Z	D	G	P	N
D	G	H	K	Q	O	O	R	D	N	I	Q	T	T	F	G
B	S	X	D	I	A	C	X	X	X	R	G	R	P	A	S
H	U	P	L	P	G	H	W	F	Z	E	U	T	D	I	S
G	P	K	B	C	N	U	M	K	T	G	T	T	C	J	E
N	E	Z	Q	I	N	M	V	E	W	J	M	T	K	Z	I
R	F	O	L	T	T	L	P	W	C	Q	H	J	A	L	T
M	K	B	R	E	M	Z	C	Ö	Z	O	T	C	H	M	E
H	P	Z	I	G	H	K	U	M	X	I	E	O	F	P	O
R	F	T	W	U	E	G	R	E	O	P	H	D	I	H	Z
I	K	W	G	Q	E	U	F	I	A	C	S	K	T	E	A

TRUG	MÖWE	HOCHZEITSBAND	MATTE
KAKADU	GRÜNDETE	UNTEREINANDER	
BOCHUM	GEORGE	MEINUNGSSEITE	

WORTSUCHRÄTSEL - 45

```
Z  J  J  S  R  A  B  N  N  E  K  R  E  D  H  W
E  N  C  M  W  N  P  G  F  R  N  A  C  V  S  I
H  V  E  J  A  E  V  C  C  B  I  M  L  R  Q  N
J  Q  U  N  O  I  B  U  S  X  R  I  E  E  W  S
W  X  K  J  Ü  L  C  R  L  N  M  S  K  K  E  E
T  I  G  D  O  R  N  C  K  Z  S  K  W  C  E  L
Q  S  U  B  Z  I  G  E  A  R  X  S  C  E  K  N
W  A  E  M  A  V  Z  T  H  C  G  N  D  R  K  I
M  N  U  M  G  A  S  J  O  C  O  U  V  T  S  M
G  S  G  V  K  G  F  T  O  R  R  F  A  O  M  G
E  O  Q  S  J  D  R  H  F  E  P  I  A  I  D  G
D  A  T  Q  A  I  O  P  I  F  M  F  K  D  R  S
B  X  A  L  T  K  N  U  P  R  E  W  H  C  S  S
L  R  L  K  H  A  L  L  A  C  G  J  L  A  J  X
C  S  B  K  P  A  S  R  D  J  D  N  E  I  Q  T
H  A  P  N  J  S  C  V  G  X  R  D  Q  M  G  K
```

CALLA	ERKENNBAR	KIRCHE	TRECKER
ROT-GRÜNEN	DOGMA	BLOBEN	
SCHWERPUNKT	FOCACCIA	WINSELN	

WORTSUCHRÄTSEL - 46

P	Q	U	G	E	O	M	E	T	R	I	E	U	G	E	R
L	L	A	F	N	E	D	E	J	F	U	A	P	G	P	D
L	L	D	E	B	Z	E	E	C	V	E	X	R	M	R	U
P	J	O	L	B	N	E	B	C	Q	M	G	Ö	X	O	N
O	H	L	T	H	R	Q	K	U	Q	X	G	M	I	D	U
N	E	R	H	A	F	E	G	P	W	N	P	E	V	U	P
O	J	K	D	P	O	N	F	P	X	I	I	R	N	K	G
M	U	X	O	S	T	R	E	M	R	E	O	D	E	T	E
J	O	C	Z	L	J	V	N	M	R	T	B	W	K	I	S
P	Q	H	D	E	B	T	S	O	C	S	K	O	J	O	A
H	X	N	E	T	H	O	S	O	D	B	T	L	S	N	N
W	A	I	W	F	W	W	U	N	K	R	A	U	T	T	G
A	E	V	H	N	T	C	Q	S	H	A	V	Q	H	P	U
J	N	I	U	X	H	E	I	V	G	I	Z	D	S	V	O
L	G	S	U	M	S	I	H	C	Y	S	P	N	A	P	L
L	C	N	D	E	H	J	K	I	P	S	G	L	H	Q	R

UNKRAUT	GESANG	PRODUKTION	ETHOS
STEIN	PANPSYCHISMUS	GEOMETRIE	
GEFAHREN	AUFJEDEN FALL	RÖMER	

WORTSUCHRÄTSEL - 47

D	B	I	J	T	K	I	S	B	Q	O	K	K	S	W	M
N	K	L	V	C	Q	L	Z	E	G	Ä	R	T	E	B	N
E	T	H	C	X	R	M	K	L	Q	L	Z	C	N	K	Z
D	G	Q	N	W	X	R	E	G	Q	U	A	Q	G	W	T
N	F	K	U	O	E	T	T	I	N	K	L	O	M	F	J
E	E	I	H	C	Z	A	B	S	V	G	U	R	B	X	T
R	D	L	S	Z	Z	A	S	C	G	C	M	T	X	A	L
E	A	J	Z	C	B	J	A	H	M	N	M	I	M	W	E
I	L	H	G	G	H	H	O	E	N	X	W	E	G	P	W
G	O	E	T	X	E	E	F	T	J	U	E	T	U	E	M
E	K	Z	Q	B	H	S	R	X	X	I	E	O	V	U	U
R	O	K	R	C	E	I	G	O	L	O	R	H	P	E	N
T	H	N	V	M	H	C	R	E	I	F	F	U	O	B	F
A	C	V	D	N	A	T	S	L	E	T	T	I	M	L	D
N	S	Z	B	V	I	M	E	Z	G	W	A	R	V	Q	Z
J	A	H	R	E	S	T	A	G	H	S	J	Q	T	P	F

SCHOKOLADE	REGIERENDEN	BETRÄGE	JAHRESTAG
BELGISCHE	FISCHER	MITTELSTAND	
UMWELT	NEPHROLOGIE	BOUFFIER	

WORTSUCHRÄTSEL - 48

Z	U	E	H	Z	L	M	V	R	T	B	S	O	R	N	U
V	M	G	A	K	I	T	A	A	S	U	T	P	X	E	Z
J	C	I	T	D	S	B	F	E	T	N	S	E	B	M	I
I	W	S	W	H	R	E	M	U	F	N	S	U	X	O	S
B	E	G	V	E	L	P	J	Z	E	L	F	W	D	O	L
F	R	W	D	H	E	C	Q	R	W	D	V	O	D	E	A
G	U	N	H	R	J	T	O	O	O	J	Z	P	J	R	W
E	U	B	O	T	U	P	G	V	M	P	V	O	S	M	X
W	U	P	O	Q	S	V	Q	C	A	U	P	R	J	X	M
P	E	H	E	D	U	E	R	F	N	E	D	A	H	C	S
R	R	A	S	F	Z	X	I	T	H	E	R	D	E	G	R
R	T	I	E	K	H	C	I	L	D	N	I	B	R	E	V
D	L	F	O	Q	N	N	A	M	N	W	K	R	F	T	S
O	C	M	N	E	G	I	L	I	E	T	E	B	Z	Z	X
X	P	U	R	R	P	S	K	P	I	A	V	B	U	W	N
H	X	U	D	X	E	N	O	N	I	Z	N	U	T	M	J

TAFEL	SEMPEROPER	VERBINDLICHKEIT	MANN
SCHADENFREUDE	GEDREHT	SPOREN
WUNDERBAR	XENON	BETEILIGEN

WORTSUCHRÄTSEL - 49

```
L E H E Q K W W M I V L O M P E
W P V E I T C H I E G P N E F H
U U I A F O J P R I Z L C H O C
T M F G B W W M P G B G X R R S
C Z E R G H A I J Z F A S H D A
J H A B E R M A S F Q L C E E T
Z E H B K S T U N D E T H I R D
V W C T L W J Q Z L H E U T T N
K F U D S U S V X D B N L E B A
D N S V J H V A C C V F D N F H
G O Z W P O M R W Q E R I K V J
H O Q D Q H L R P U F V H I D J
L R O R P C T R A D I T I O N C
I T Ä T I S O V R E N T U S C R
V R R D Q I O X U D X N L X O H
I Z R O C I C M L R X J A C P D
```

VERMARKTUNG	FORDERT	VEITCHIE	MEHRHEITEN
TRADITION	NERVOSITÄT	SCHULD	
STUNDE	HABERMAS	HANDTASCHE	

WORTSUCHRÄTSEL - 50

D	T	T	E	B	L	E	G	A	N	E	K	P	Z	A	H
H	H	V	I	C	E	Z	M	K	U	Q	V	E	O	A	P
I	H	J	M	H	H	T	E	R	X	S	D	L	V	R	I
T	C	F	S	I	B	B	D	W	T	T	O	L	T	C	M
J	G	O	N	V	B	F	I	O	K	H	L	E	B	H	L
X	F	W	F	P	X	T	Z	C	Q	C	L	N	N	I	G
K	C	C	P	K	E	I	I	U	K	A	Y	O	S	T	U
Q	K	P	U	L	G	L	N	J	A	N	S	I	A	E	G
G	C	O	A	O	B	F	P	J	J	S	T	S	K	K	O
N	W	I	L	T	R	A	X	M	F	A	A	S	S	T	N
U	U	R	V	O	J	O	D	T	W	F	W	E	U	U	I
R	K	G	F	Z	S	L	Z	F	V	P	B	F	M	R	S
Ö	Q	H	R	I	B	S	P	J	G	W	B	O	P	D	A
P	I	X	K	G	O	I	G	Z	T	K	X	R	F	K	K
M	Z	J	V	J	B	N	J	L	O	P	R	P	D	Q	H
E	C	P	X	W	E	S	B	O	E	V	Z	F	C	U	M

PROFESSIONELLE	SUMPF	DOLLY	MEDIZIN
KOLOSS	ARCHITEKTUR	KASINO	
FASNACHT	NAGELBETT	EMPÖRUNG	

WORTSUCHRÄTSEL - 51

```
R E K R O Y W E N U V M V C A O
L L Z X F E A N Ü R N B E R G P
Q M U N A H M E N V E C M F M P
L A S W R H U N D S F E U O Q S
T M Q L X E T X M T O B N Z X P
W T N E W B N K I O P W U U I M
X E M D Z U M G V C J H D O U Z
C T C U H Q E K A A I E O O P E
L S A N R Q V K B W C D I W L F
C A U D N A B R E V S E D N A L
F L X W K O C G Z Z K O G J Z E
R T Q I T U A R K E D I E H X A
N N O O R U W R H H F R A H C S
T E O Q B B A V E L D C W A T U
O Z T E I R E G P A F L I N Q P
G B F H V Q N I J S S K Q E Q F
```

HEIDEKRAUT	NUDEL	ENTLASTET	NAHMEN
NEW YORKER	NÜRNBERG	GERIET	
WAGNER	LANDESVERBAND	SCHARF	

WORTSUCHRÄTSEL - 52

```
V X V E R S O R G U N G K Z L J
O I X P Z Z D F U L I F B T C K
P H I L I P P I N E N A W D V V
P S L O F A N P I J N H Z T L O
V X O V R A N A M F F I R G N A
I T I V R M P G G U O R W Q S K
T A R B N U U N E B O K E N D R
Q L E J R I O Q K L N M G X K G
O E N O J L C T L U E S Z K M K
K N G F Q E T V P X G G A Q F D
Q T L W H H I Q J O Ü Z T L C E
Q E L R O H A N C B F W O E M C
A D I U M E X Z T M R N Z V N H
J R V I R S A L W Z E W T P O G
N O V E M B E R H O V W U O C H
A F G R E B N E M U L B M E S N
```

NOVEMBER	ANGELEGTEN	PHILIPPINEN	TALENTE
HELIUM	VERFÜGEN	ANGRIFF	
ILLGNER	VERSORGUNG	BLUMENBERG	

WORTSUCHRÄTSEL - 53

L	C	T	F	X	T	F	K	P	J	D	R	L	M	G	G
V	T	V	B	L	H	K	N	E	T	E	I	B	N	A	G
F	Z	F	V	E	R	S	A	G	E	N	Q	E	X	P	B
J	O	J	R	U	N	W	Z	S	O	Z	Z	V	P	W	I
V	K	W	Ü	K	K	A	J	U	K	A	C	Z	R	A	Z
E	L	U	G	D	Q	A	U	S	D	A	U	E	R	B	T
P	O	F	G	L	I	N	O	N	P	Z	S	W	K	B	I
V	S	W	E	A	T	S	H	I	R	T	X	Q	W	B	L
N	F	P	H	Z	H	C	C	X	N	V	J	H	E	L	R
E	L	U	Ö	Q	D	G	G	H	R	A	H	F	D	X	X
J	E	P	R	M	A	V	S	D	E	P	I	E	D	D	H
K	N	F	E	A	C	K	A	Q	K	N	C	A	B	G	H
A	H	K	N	F	E	E	V	B	D	K	L	X	X	V	B
I	A	Q	R	E	K	F	R	E	E	G	P	D	U	E	E
K	U	W	A	I	T	S	T	A	D	T	S	P	C	A	J
W	Q	W	L	R	L	E	S	U	E	R	T	S	R	P	S

SWEATSHIRT BEFINDET DECKE KUWAIT

AUSDAUER GEHÖREN VERSAGEN

JÜDISCHEN ANBIETEN STREUSEL

WORTSUCHRÄTSEL - 54

R	M	U	L	T	N	A	U	C	F	K	J	T	K	C	J
V	F	V	T	S	U	W	D	M	E	P	U	G	X	C	E
B	H	I	B	X	O	S	O	E	L	M	Z	N	S	X	F
I	H	A	W	U	X	N	A	S	O	X	W	U	X	E	J
I	E	B	O	L	C	O	N	A	M	L	R	G	A	H	P
L	E	I	R	W	Q	M	H	V	A	T	L	N	D	C	Z
A	T	L	D	V	R	R	Ä	A	C	R	I	E	V	I	F
E	H	I	J	E	P	I	N	N	A	O	D	R	J	L	D
L	B	T	K	K	M	T	G	N	U	D	N	T	J	B	V
J	U	Ä	X	G	E	I	E	E	G	J	X	S	R	E	N
I	B	T	M	H	N	R	R	N	S	L	W	N	R	H	T
X	L	F	A	F	I	H	N	L	O	M	J	A	E	R	B
O	I	S	U	E	L	E	S	Ö	G	J	G	H	T	E	G
D	W	G	L	P	F	S	L	W	C	Q	W	R	A	J	M
S	E	I	X	B	F	R	N	E	L	L	O	V	R	F	H
H	S	E	J	Z	O	Z	K	I	I	O	M	A	K	D	V

GUACAMOLE	ANSTRENGUNG	VIABILITÄT	KRATER
OFFLINE	ERHEBLICHE	ANHÄNGERN	
FUGE	SAVANNENLÖWE	VOLLEN	

WORTSUCHRÄTSEL - 55

K	X	Z	H	Z	T	I	I	R	S	M	D	V	I	M	E
I	T	L	P	N	R	B	S	S	W	S	R	H	N	U	W
S	A	Q	Z	A	T	C	C	K	A	J	N	B	E	R	N
W	N	I	Z	G	X	F	K	R	A	A	I	N	F	E	E
Q	D	N	C	L	C	N	A	U	K	G	G	T	E	D	D
P	O	T	K	U	A	F	O	Z	V	I	L	R	R	E	O
I	O	S	S	D	A	T	F	L	M	I	I	O	I	I	H
S	R	I	N	T	Z	B	S	A	P	S	E	W	E	W	K
P	I	G	N	J	Q	Q	R	F	C	D	T	T	N	K	R
N	Q	S	G	L	W	V	Q	D	B	D	K	N	C	I	M
Y	T	I	L	A	R	T	U	E	N	F	C	A	Z	G	E
A	K	C	F	H	C	O	V	X	A	Z	A	P	B	V	I
R	F	M	T	D	K	E	M	T	A	K	R	M	C	T	N
I	B	X	B	B	F	Z	X	G	I	F	W	U	O	H	E
J	T	M	O	T	I	V	A	T	I	O	N	Z	J	Q	S
O	L	H	J	V	C	N	D	H	A	Q	K	U	M	E	X

ARAFAT	ANTWORT	WIEDERUM	MOTIVATION
WRACKTEIL	NEUTRALITY	MEINES	
FERIEN	TANDOORI	HODEN	

WORTSUCHRÄTSEL - 56

S	D	R	M	U	I	D	E	M	D	T	B	P	Q	J	W
T	O	V	F	I	L	M	S	C	O	R	E	M	A	A	P
F	F	X	U	G	P	N	G	E	V	C	R	F	P	S	Q
T	T	B	T	B	F	H	E	U	I	K	U	N	J	M	K
O	R	N	O	K	S	G	S	Z	Z	J	F	I	S	V	F
N	E	A	Q	T	H	B	P	L	E	K	L	U	U	B	Z
E	R	A	U	Z	X	S	R	O	P	C	I	G	D	O	G
R	W	V	S	R	W	T	O	D	R	S	C	N	Z	O	K
E	A	V	O	N	I	H	C	M	Ä	C	H	I	B	A	I
I	J	N	E	Q	R	G	H	V	S	M	E	P	I	V	W
N	P	F	Q	F	T	S	E	O	I	U	N	A	X	P	R
N	T	S	J	A	P	L	N	O	D	G	N	S	S	F	D
O	N	T	D	T	Z	I	N	R	E	Q	K	H	G	S	H
B	E	I	N	S	C	H	R	Ä	N	K	U	N	G	N	D
A	M	J	G	P	R	A	X	R	T	P	H	A	G	Q	O
B	T	M	U	Ä	R	E	G	G	E	F	R	N	X	P	L

BERUFLICHEN	MEDIUM	GERÄUMT	ABONNIEREN
FILMSCORE	TRAURIG	EINSCHRÄNKUNG	
PINGUIN	VIZEPRÄSIDENT	GESPROCHEN	

WORTSUCHRÄTSEL - 57

```
H  M  K  H  I  W  B  Z  D  H  Z  L  S  E  N  H
G  S  S  W  C  D  U  Q  W  N  I  N  G  U  R  F
T  O  T  U  D  O  P  C  L  I  D  H  D  C  E  H
X  O  O  R  M  B  X  E  B  K  M  A  S  A  B  E
Q  V  J  K  A  S  U  F  N  H  F  U  C  U  O  R
J  K  N  V  Q  N  I  O  Z  R  R  B  L  G  R  Z
O  N  A  L  T  R  S  N  X  T  E  P  S  N  E  C
K  L  E  R  W  Q  X  K  U  J  E  T  C  E  T  H
Z  T  T  T  X  H  X  Z  R  T  G  X  X  H  T  E
M  L  P  F  N  N  E  G  J  I  R  I  X  E  U  N
V  C  W  H  S  U  U  G  L  B  P  O  F  X  F  N
G  K  Z  V  D  P  B  N  E  G  P  T  P  K  N  J
N  E  Z  T  Ü  H  C  S  X  I  S  N  I  P  F  S
T  C  V  W  H  H  F  G  I  N  L  U  M  O  O  I
H  B  R  O  K  K  O  L  I  D  P  F  X  C  N  C
A  A  U  F  S  I  C  H  T  S  R  A  T  A  P  C
```

OPPORTUNISMUS	TRANSKRIPTION	FLIEGE	AUFSICHTSRAT
EROBERN	HERZCHEN	BUNTEN	
BROKKOLI	EXTERNE	SCHÜTZEN	

WORTSUCHRÄTSEL - 58

O O T N T N N C R R I T T V W M
G F I F E S J E N T K I J V J V
C C E I G G D N I E J N C L K F
U B H N E D I E N C P T Z W X D
U K N A S Z D D C X H L H B B S
R N R N T B L U N U R L U C T V
P A E Z O F A O N E F L A T I J
T B T P P Z C I N R W T P L S W
S N H O P W C F X V A T Z V R G
C E C L T F S N N K H T O D L A
I T Ü I W C I F X L H R N N U W
Q R H T D E C B A E K F P L T I
S A C I O N Q R L K K F R J N F
L G S K H V F L J Q G J N I L M
H D P E B S J M V E X Q G R I V
I U M R I H C S N E N N O S B E

GESTOPPT   WICHT   SCHÜCHTERNHEIT   SONNENSCHIRM

UNRAT   FINANZPOLITIK   GARTENBANK

HELL   STULPEN   NOTWENDIGEN

WORTSUCHRÄTSEL - 59

M	J	L	O	V	E	D	A	M	O	N	U	F	Q	H	S
Z	L	D	C	W	Q	S	V	G	X	M	C	U	N	Z	G
H	U	E	V	A	B	K	C	K	E	B	K	T	E	U	N
T	T	O	Q	F	E	D	E	R	B	A	L	L	B	H	U
Z	U	M	Q	N	O	S	S	X	M	M	Q	X	I	C	T
H	X	V	F	B	M	P	L	W	D	N	J	D	E	S	L
T	X	T	F	I	J	H	E	H	E	G	E	D	R	I	A
M	H	N	K	T	V	G	X	T	M	N	M	E	T	T	H
Z	K	C	X	J	M	P	B	M	L	U	S	M	R	N	R
S	M	E	U	C	S	U	L	Z	I	D	E	H	E	E	E
U	P	Q	Q	A	A	L	T	Q	P	N	T	A	V	D	T
D	R	N	F	L	R	E	A	G	J	I	I	N	P	I	N
W	S	R	G	G	U	B	V	P	A	B	M	ß	E	M	U
B	U	U	W	Z	B	G	R	K	O	R	W	A	W	N	B
E	V	J	R	C	U	V	L	E	G	E	U	M	E	V	U
U	L	D	O	I	P	N	D	W	V	V	K	N	H	R	B

FEDERBALL NOMADE VERBINDUNG OPAL

MAßNAHME UNTERHALTUNG GLAUBTEN

VERBRAUCHT VERTREIBEN IDENTISCH

WORTSUCHRÄTSEL - 60

X I U J V E R G T T B U H U F A
K G H M O J B E Z F G R L T N H
I T N N R N X U H H I V X T P P
W V Q Ü V U Q R A C T S E H D K
Q U N L K B U C S Z I I T B V X
E E Q K R E K N A B L L I A O W
D A W R H K O E Z E P T T U R O
N X J F U C C S U W T G L S G F
E B J T E I L N E H M E R H E V
G V G U Q W P W V U H S R L L W
E I G O L O N E M O N Ä H P E K
I U T X Q U N N Q Q Q Z F Z G C
L Z P F H O H I J N M E J V T P
H L R W R A G P P A P E L R E K
N K Z I A N F A T Z D I Q V N E
F M N W E N O S H V C L R R N A

LIEGENDE	PHÄNOMENOLOGIE	NORI	BANKER
ANTEILE	WESTLICHER	VORGELEGTEN	
TEILNEHMER	APEL	KÜNG